齋藤孝の覚えておきたい

日本人

齋藤 孝

JN133335

まえがき

この本でいう「覚えておきたい日本人」ってどんな人かわかるかな？

「覚えておきたい」には、「覚えておいてほしい」という思いもあるんだ。

一言でいえば「スゴイ人」！　だからといって、生まれたときから特別な人だったわけじゃないよ。きみと同じように、子どもだった時代もあるんだ。

ただ、毎日すごす中で、「よし！　ここがチャンスだからがんばろう！」と思って、自分の中で何かが変わる瞬間があったんじゃないかな。

人生が変わるきっかけになる瞬間のことを「ターニングポイント」というんだよ。この本では、それぞれの人の生涯を4コママンガで表現していて、その中でも「ターニングポイント」になった出来事をクローズアップしているから、ぜひ注目してほしいな。

この本で紹介するのは、日本や世界に大きな影響をあたえた人たちだよ。それまでになかったものを発明したり、だれもやらなかったこと、できなかったことを成し遂げた人たちなんだ。今、当たり前のようにあるもの、便利に使っているものを生み出し、新しい道を切り開いた人たちだね。

「スゴイ人」というのは、地位や名誉やお金がある人ではなくて、未来の人たちのために時代を変えた人のことをいうんだ！

そんな人たちのことを知ると、今ある当たり前のことに感謝できるね。そして、決して特別ではない人が努力するすがたを知ると、勇気がわいてくるよ！

もくじ

齋藤孝の覚えておきたい

日本人

●文学

『源氏物語』の作者　紫式部……6
俳句という芸術を確立　松尾芭蕉……8
明治の国民作家　夏目漱石……10
女性の思いを文学で表現　与謝野晶子……12
女性の地位向上に貢献　平塚らいてう……14
自然を愛する童話作家　宮沢賢治……16
弱い者によりそう作家　金子みすゞ……18
コラム　アイデア満載！　日本から世界へ……20

●教育・医療

障がいを乗りこえた　塙保己一……24
学ぶことの意味を説いた　福沢諭吉……26
日本初の女性医師　荻野吟子……28
伝染病の治療法を発見　北里柴三郎……30
英語で本を書いた　新渡戸稲造……32
女子大をつくった人　津田梅子……34
コラム　みんなの力を結集！　チームの成果……36

●社会・政治

すぐれた戦国武将　織田信長……38

歩いて地図をつくった　伊能忠敬……40
明治政府のキーパーソン　西郷隆盛……42
日本初の銀行を設立　渋沢栄一……44
民主主義を誕生させた　吉田茂……46
大企業をつくった経営の神様　松下幸之助……48
命のビザで人々を救った　杉原千畝……50
コラム　世界を変えた！　日本人のノーベル賞受賞者たち……52

●芸能
世界で評価された監督　黒澤明……56
テレビ女優第一号　黒柳徹子……58
性別をこえて大活躍　美輪明宏……60
コラム　世界で走った！　女子マラソン選手たち……62

●芸術
歌舞伎をはじめた人　出雲の阿国……64
海外で大人気の浮世絵師　葛飾北斎……66
フランスで有名な画家　藤田嗣治（レオナール・フジタ）……68
日本のマンガを発展させた　手塚治虫……70
世界的評価の高い芸術家　草間彌生……72
アニメをドラマにした　宮崎駿……74
コラム　本場で活躍！　大リーグにわたった選手たち……76

『源氏物語』の作者！

紫式部

作家、歌人（978?～1016?）

『源氏物語』は、日本初の長編小説。それを書いたのが紫式部だよ。天皇の奥さんに仕えるという名誉ある仕事をしながら、和歌をつくり小説を書いたんだ。知識と教養という点で、当時のトップクラスの女性だったんだね。

『源氏物語』って、何がすごいの？

すごく長い物語だから…？

宮中、つまり皇居を舞台に、当時の生活や社会がいきいきと描かれているよ。主人公・光源氏のはなやかな恋愛も平安時代の人々を魅了したんだね。与謝野晶子や谷崎潤一郎が現代語訳をしていて、世界で翻訳もされているよ。

紫式部は小説も書いて、和歌もつくったの？

国語が得意だったのかな

そうだよ！『源氏物語』の中にたくさん出てくる和歌は、全部つくったんだよ。

百人一首にも、「廻り逢ひて　見しやそれとも　わかぬまに　雲がくれにし　夜半の月かな」という紫式部の歌があるよ！

関わりの深い偉人たち

藤原道長（966～1027）

道長は彰子のお父さん。四人の娘を天皇に嫁がせることで権力を持ったんだ。

娘が産んだ男の子が天皇になれば、道長は「天皇のおじいちゃん」だからね。

紫式部の才能を見こんで彰子に仕えさせ、『源氏物語』を書くことを支援したんだ。

清少納言（10世紀後期～11世紀前期）

一条天皇には二人の中宮がいて、紫式部は中宮彰子に仕え、清少納言は中宮定子に仕えたんだ。

清少納言は、「春はあけぼの」で知られる『枕草子』というエッセーを書いた人。

当時の自然やファッションのことなども書いていて、今でいうブログみたいなものかもしれないね。

俳句という芸術を確立！

松尾芭蕉

俳人（1644〜1694）

5・7・5の17文字でつくられる俳句は、日本の伝統的な文学のひとつ。四季が豊かな国で、自然と共に生きてきた日本人の心を俳句という芸術で表現したのが松尾芭蕉なんだ。後に「蕉風」という独自の作風を確立したよ。

『おくの細道』って何？

すっごーい細くて
暗い道ってことかなあ

『おくの細道』は、「紀行文」といって、旅の様子を記録したもの。東北から北陸を旅して、詠んだ俳句も残されているよ。
はじまりは、「月日は百代の過客にして、行きかふ年も又旅人也」。「月日（時間）も永遠に旅をする旅人のようなものだ」という意味。時間を、旅をし続ける自分＝旅人にたとえたんだね。

芭蕉って何がすごいの？

お坊さんみたいだから、
えらい人ってことかなー

芭蕉は、当時としては新しかった、自然と心を一体化するような俳句をつくったんだ。
当時の俳諧はおもしろいものが多かったから、芭蕉のしみじみとした俳句は、多くの人に親しまれたんだね。

松尾芭蕉の代表的な作品

閑さや岩にしみ入蟬の声

山形県の立石寺で詠んだ句。蟬がミンミンと鳴く声が、そびえ立つ岩にスーッと吸いこまれていくくらい、静かな様子を詠んでいるよ。あまりに静かで耳がキーンとなるような感じだね。

五月雨をあつめて早し最上川

山形県の最上川は、流れが速いことで知られている。五月雨は、旧暦5月、今の梅雨の時期にふり続く雨のこと。川に雨がふり続き、水量がふえていきおいよく流れている様子を表現しているよ。

古池や蛙飛こむ水のおと

古い池を「見て」、カエルが飛びこむ音を「聞く」。見ることと聞くことが同時に詠まれているのがおもしろいね。「ぽちゃん」という音が聞こえるくらい静かだということがわかるね。

明治の国民作家！

夏目漱石

作家、英文学者（1867〜1916）

夏目漱石は、近代日本を代表する作家だよ。漱石は「自己本位」の大切さをいったんだ。これは、自分中心とか自分勝手という意味ではなく、自分の考えや思いからはじめるべし、という意味！　勇気がわいてくるね。

関わりの深い偉人たち

森鷗外（1862～1922）

島根県津和野生まれ。大学を卒業して陸軍の軍医になったエリート。医師としてドイツにも行き、日本に帰ってきてから小説を書いたよ。
『舞姫』はドイツ時代の恋愛がテーマで、鷗外自身が主人公だともいわれているんだ。エリートの鷗外と漱石は立場はちがったけれど、たがいに一目置いていたんだよ。

正岡子規（1867～1902）

俳句や短歌の改革者として知られているよ。『柿くへば鐘が鳴るなり法隆寺』が有名。
愛媛県松山市に生まれ、その後、東京の高校で漱石と仲良くなったんだ。体が弱かったのに、日清戦争の従軍記者として中国にも行ったんだ。
35歳で亡くなったけれど、弟子をたくさん育てて、後世に俳句や和歌を伝えたんだね。

漱石が「国民作家」ってよばれているのはどうしてなの？

お札になったからかな…

漱石は“自分とは何か、人間とは何か”にとことん向きあって、それを小説に書いたんだよ。
昔も今も変わらず、人間が考えたり悩んだり苦しんだりすることを、小説という形でみんなが共感できるように書いたから「国民作家」っていわれるようになったんだね。

小学生でも読める漱石の小説はあるかな？

ぼくも、読んでみたいなー

もちろんあるよ！　まずおすすめは『坊っちゃん』。愛媛県の松山が舞台で、中学の先生になった主人公の「坊っちゃん」が、悪だくみをする先生たちをこらしめる物語だよ。言葉がいきいきしているから、声に出して読んでみよう！
ほかに、猫の目線で描かれる『吾輩は猫である』や、夢を書いた短編集『夢十夜』もいいよ。

女性の思いを文学で表現！

与謝野晶子

作家、歌人
（1878〜1942）

女性はつつしみ深くひかえめにすべしという時代に、生々しい恋愛の歌をつくった人だよ。女性の本当の気持ちを表現した点で、画期的だったんだ。女性解放運動をしながら平和を願う歌もつくり、一家の大黒柱でもあったパワフルな女性だよ。

ほかに有名な歌はあるの？

恋愛以外の歌とか？

戦争に召集された弟のためにつくった、「君死にたまふことなかれ（弟よ、死なないでください）」という歌がよく知られているよ。弟を思う気持ち、平和を願う気持ちがこめられているんだよ。

『みだれ髪』ってどんな歌集なの？

恋愛の歌だっけ？

とてもセクシーな恋愛の歌だよ。当時はずいぶん批判されたけれど、「本当の気持ちを歌わないのは歌ではない」とゆずらなかった。
代表的な歌は、「やは肌のあつき血汐にふれも見でさびしからずや道を説く君」。「わたしの熱い肌にさわらず、人生を語るだけではさびしいでしょ！」という意味だよ。

子どもが11人って、すごい大家族だね！

今だったらテレビで特集されちゃうよ

本当は12人だったけれど、ひとりは生まれてすぐに亡くなってしまったんだ。
晶子は家計をささえるために必死で仕事をしたんだ。
作家としては『新訳源氏物語』も出しているんだよ。

関わりの深い偉人

樋口一葉

（1872～1896）

晶子と同時代の作家。
17歳で父親が亡くなったあと、一家の大黒柱として生活をささえたんだ。
雑貨屋をやりながら小説を書いていて、代表作の『たけくらべ』を森鷗外が絶賛し、人気作家になったんだよ。

女性の地位向上に貢献！

平塚らいてう

女性解放運動家（1886〜1971）

性による差別をなくして男女平等を主張する「フェミニズム」のはしりといわれた人。女性の社会的地位の向上と平和運動に努力したんだよ。心中未遂といった過激なところもあるけれど、男性中心の社会を変えた人だね。

らいてうは、何がすごいの？

強そうな女性って感じはするけど…

当時、女性は男性よりも地位が低くて、選挙に参加する参政権もなかったんだ。今は男女平等が当たり前だけど、それはらいてうの活動があったからなんだね。どんなに批判されても信念をつらぬく強さがすごいよね。

『青鞜』ってどんな雑誌だったの？

グルメ情報とかないのかなー

「元始女性は太陽であった」と、創刊号にらいてうが書いたんだよ。夜にのぼる月と対比的に、女性は「昼間にのぼる太陽だ！」という気持ちだったんだね。

関わりの深い偉人たち

伊藤野枝（1895～1923）

「青鞜社」に入り、らいてうから『青鞜』を引き継いだ活動家。結婚制度を否定し、不倫するなど奔放な女性で、恋愛関係にあった無政府主義者の大杉栄と、政府の役人に連れ去られて殺されてしまった。

いわさきちひろ（1918～1974）

やさしい水彩画で知られるちひろは、らいてうとともに「新日本婦人の会」という、女性の団体を結成。戦争を体験したちひろは、子どもの幸せと平和を願って絵や絵本を描き続けたんだね。

自然を愛する童話作家！

宮沢賢治

詩人、童話作家（1896〜1933）

鉱物が好きで、農業学校の先生をしていた宮沢賢治。その知識を活かし、また、想像力をふくらませて、自然と人との交流や宇宙をテーマにした童話をたくさん書いたんだ。弱い者や小さい者にやさしい賢治の童話は、時代をこえて読み継がれているよ。

あんなにたくさん童話を書いたのに、生前に出版したのは2冊だけなのね！

天才は、世間に認められるまでに時間がかかるものなんだよ。ぼくみたいにね！

宮沢賢治の代表的な作品

『銀河鉄道の夜』

主人公のジョバンニが、友だちのカムパネルラと銀河鉄道の旅に出る話。旅を通して、ジョバンニは「みんなのほんたうのさいはい（本当の幸い）」のために生きていこうと思うようになるんだよ。

『風の又三郎』

谷川の岸にある小さな小学校に、高田三郎というちょっと変わった少年が転校してくる。みんなは三郎のことを、風の神様の子である「風の又三郎」ではないかと思うんだ。
「どっどど　どどうど　どどうどどどう」という風の表現は賢治独特のもの。みんなは三郎に翻弄されるけど、三郎は10日ほどでまた転校してしまうんだよ。

『雨ニモマケズ』

賢治が亡くなったあと、メモとして発見された詩。「雨ニモマケズ　風ニモマケズ」ではじまり、「サウイフモノニ　ワタシハナリタイ」で終わるよ。
ぜいたくをせず、こまった人がいれば力をかし、ほめられることもなく、かといって苦にもされない、そういう人になりたいといっているんだ。多くを望まず、人のために生きたいという賢治の思いが表れているね。

作家なのに農業の先生だったの？

体が弱いのに
たいへんだねー

先生をやめたあと、自分も農業をして生活するようになった賢治は、「羅須地人協会」という農業の塾をはじめたんだ。
昼間は農業、夜は農民たちに講義をしたんだよ。授業のテキストには、「世界がぜんたい幸福にならないうちは個人の幸福はあり得ない」という言葉があって、これは賢治の人生観ともいえるものなんだね。

妹のトシが亡くなったときにつくった『永訣の朝』ってどんなもの？

詩だっていうことは
知ってるんだけど

トシは、賢治の最大の理解者だったんだ。だから、トシが24歳で亡くなったことは大きな悲しみだったんだね。「永訣」は永遠の別れのこと。
「けふのうちに　とほくへいってしまふ　わたくしのいもうとよ」ではじまるよ。
とても美しい詩だから、声に出して読んでみよう。

弱い者によりそう作家！

金子みすゞ

童謡詩人（1903〜1930）

26歳で亡くなった金子みすゞが、詩人として活躍したのはほんのわずかな期間。それでも、たくさんの詩をつくったんだよ。みすゞ自身はあまり幸せな人生ではなかったけれど、だからこそ弱い者に心をよせる作品が生まれたんだね。

関わりの深い偉人たち

西條八十（1892～1970）

子どものための雑誌『赤い鳥』に多くの童謡を発表した人。みすゞの才能をいち早く見いだした人でもあるんだ。歌謡曲の作詞もしていて、昭和にはやった『青い山脈』や『蘇州夜曲』も八十の詩なんだよ。

北原白秋（1885～1942）

有名な詩人で童謡もたくさんつくったんだ。

「あめあめ　ふれふれ　かあさんが
じゃのめで　おむかい　うれしいな」ではじまる『あめふり』も白秋の作詞だよ。

みすゞの詩は、教科書でも見たことある！

朗読したことあるよ

『わたしと小鳥とすずと』の「みんなちがって、みんないい」は有名だね。音楽をつけて歌にもなっているよ。
「『遊ぼう』っていうと　『遊ぼう』っていう。
『ばか』っていうと　『ばか』っていう……」
ではじまる『こだまでしょうか』という詩は、テレビのコマーシャルでもやっていたね。

みすゞの詩のどんなところがいいの？

ひらがながいっぱいなところとか？

『大漁』という詩では、イワシに心をよせているんだ。イワシは漢字で「鰯」と書くくらい、小さくて弱い魚だよね。『積もった雪』という詩では、雪そのものの気持ちをうたっているよ。弱いものや人が気にとめないものに心をよせるのが、みすゞの詩の特徴なんだね。読むとやさしい気持ちになるよ。

コラム

アイデア満載！ 日本から世界へ

国土に多くの資源を持たない日本では、アイデアやアレンジで画期的なものづくりをしてきたんだ。日本発祥で世界に広まったものは、みんなの身近なところにもたくさんあるよ。

【カップめん】

カップにお湯を注ぐだけでできるカップめん。みんなも一度は食べたことがあるよね。これが日本で誕生したのは1971年。ちょうど、マクドナルドの第一号店が日本に開店した年と同じなんだよ。

カップめんを開発したのは**日清食品**創業者の**安藤百福**。**インスタントラーメン**を世界に広めようとアメリカに行ったときのこと。アメリカの人にインスタントラーメンをわたしたら、めんを半分に割って**カップ**に入れ、お湯を注いで**フォーク**で食べたんだそう。器と箸がなかったからなんだ。これがヒントになって**「カップヌードル」**が誕生したんだ。

フォークだと歩きながらでも食べられるし、カップに入っていれば器もいらない。器ごと商品にしたのがすごい発明だったんだ！

今では、世界中で食べられているよ。災害時の**非常食**や**宇宙食**としても活用されているんだから、カップめんは世界を変えたといってもいいくらいだね。

【ウォークマン】

動きながら、歩きながら音楽を楽しむ、というコンセプトが新しかったんだね。今、イヤフォンで音楽をききながら歩いている人が多いけれど、スタートはこのウォークマンだったんだよ。

「音楽は室内できくもの」とされていたのを、「街できけるもの」に変えたのがウォークマン。

「録音はできず、再生だけ（つまり、**きくだけ**）の小型ステレオなんて売れるはずがない！」といわれていたけれど、若者と音楽をつなぐ役割を果たすものと信じて、**ソニー**が開発を進めたんだ。

日本よりも先にアメリカで人気が出て、それが日本にも伝わって、しだいに世界中に広まったんだよ。

【ウォシュレット】

苦労の末に商品化されたんだね

発売当時、「お尻だって、洗ってほしい」というコマーシャルがテレビで流れて、みんなに知られるようになったんだ。「洗える」ということで、トイレのイメージもずいぶん変わったんだよ。

1980年にTOTOが発売したのが、温水洗浄便座**「ウォシュレット」**。

たいへんだったのは、お湯をお尻に当てる角度を決めること。体格はひとりひとりちがうから、すわったときのお尻の位置がみんなちがう。300人くらいの社員たちに実際にすわってもらって、位置や角度を研究したんだ。

必死に研究した結果、お湯の温度は38℃、角度は43度と決まり、わずか1年半で商品化できたんだ。

【回転寿司】

お寿司はもともと江戸時代のファストフード。時代が進むにつれて高級な食事になったのを、ふたたびだれもが**気軽に食べられるもの**にしようと思ったのが、大阪の**元禄産業**の創設者・**白石義明**。
白石は、ビール工場でビールが**ベルトコンベヤー**にのって運ばれてくるのを見て、「これや！」とひらめいたんだ。
回転寿司は、1970（昭和45）年の大阪万国博覧会で全国に知られるようになったんだよ。

人が運ぶ手間をなくして価格を下げたことと、食べる人に楽しさを提供するというのが、回転寿司の最大の魅力。
今や外国の人にも大人気だね！

【カラオケ】

カラオケの「カラ」は**「空」**、「オケ」は**「オーケストラ」**。
1960年代には、ジュークボックス（お金を入れて音楽をきく機械）にマイクがついたものや伴奏だけの音楽があったんだけれど、それらをひとつにしてカラオケの装置がつくられたのが1971年といわれているんだ。
1985年に、岡山県で**船舶用のコンテナ**を改造して設置した**「カラオケボックス」**が登場して、カラオケ人気はさらに高まったんだよ。

昔は、大人がお酒を飲みながら歌うのがカラオケだったけれど、カラオケボックスができてから、子どもから大人まで、みんなで楽しむ娯楽になったんだね。

【自動改札】

自動改札が誕生したのは1967年、大阪の北千里駅に設置されたのが第一号機なんだ。
この技術は、銀行のATMなどにも活かされているんだよ。

昭和30年代（1955年～）、都会に人口が集中して鉄道の混雑が問題になっていたんだ。当時は駅員さんが専用の改札ばさみでキップを切っていたんだよ。
そこで、自動で改札を通れる機械の開発がはじまったんだね。
大人と子どもの区別、人と荷物の区別、不正な切符の区別、そしてひとりあたり何秒で通過するかなど、たくさんの**情報を瞬時に仕分ける**システムを、6年かかってつくりあげたんだよ。

【QRコード】

QRの由来は「クイック・レスポンス（速い回答）」。
今では、食品や薬品、電子チケットや空港の発券システムなどでも使われているね。

スーパーのレジで「ピッ」と読み取って会計するバーコード。でも、バーコードで読み取れる情報量は、英数字で20文字くらい。それを、数字で約7000文字、漢字も表現できるようにしたのがQRコードだよ。
開発チームは、チラシや雑誌、段ボールなどに印刷されている文字や絵を数えきれないほど調べたんだって。
特許は取ったけれど、多くの人に使ってもらえるように、**使用の権利はフリー**にしたんだよ。

障がいを乗りこえた！

塙保己一

国学者（1746〜1821）

目が見えないというハンデを持っていた塙保己一は、全国の貴重な本や資料を探し、それらを『群書類従』という全集にまとめたんだ。学ぶことの大切さを実感していたから、あとの人たちが学びやすいようにと力をつくしたんだね。

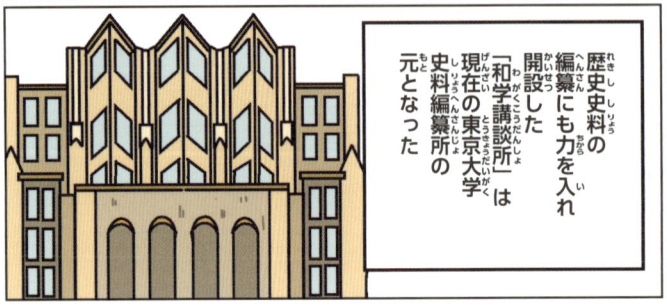

目が見えないのにどうやって勉強したの？

本とか読めないよね…

ひぇ～っ！
本を全部覚えるなんて!!
ぼくなんか、
かけ算の九九を
覚えるのも苦労したのに

わが兄ながら、
この先が
心配だわ…

保己一は目が見えないぶん、一度聞いたことは絶対にわすれないくらい記憶力がよかったみたいだね。だから、人に読みあげてもらった内容を、全部暗記していったんだ。そうやって勉強していたんだね。

『群書類従』ってどんなもの？

40年かかって完成するって、大作だよね

昔は、貴重な本や資料が図書館にまとまっていたわけではなく、全国に散らばっていたんだ。すると、火事などで焼けてしまったり、なくなったりするものもあった。
あとの人たちが学ぶ助けになるようにと、全国に本を探しに行き、内容を記憶して整理していったんだ。全部で666冊、今は国の重要文化財になっているよ。

関わりの深い偉人

ヘレン・ケラー

(1880～1968)

子どものころ、病気で視覚と聴覚を失い、見えない・聞こえない・話せないの三重苦を負ったんだ。
ヘレンは、母親から「塙先生のことをお手本にしなさい」とはげまされていて、日本に来たときに保己一の像にふれることができて感激したそうだよ。
社会福祉活動家として3回も来日していて、日本に身体障害者福祉法ができるきっかけにもなったんだ。

こういう努力があって、
今のわたしたちが
勉強したり、いろんな
研究ができたり
するのね

保己一の
努力を知ったら、
ちゃんと勉強しなきゃって
思うようになったよ…

学ぶことの意味を説いた！

福沢諭吉

教育者（1834～1901）

世界の中で日本がどういう国としてあるべきか、また、日本人はどうあるべきかを考えた人。それを、人々にわかりやすい文章でつづったのが『学問のすゝめ』だよ。福沢諭吉は、学ぶこと、自分で考えることの大切さを説いているよ。

当時、海外経験は貴重だったのね。だから、世界の中で日本がどうあるべきかを考えたんだわ

そんなヒマないでしょ

諭吉は、海外でお土産とか買ったのかなー

海外に行ったことは、どんなふうに役に立ったの？

英語がもっとうまくなったとか？

西洋の文化を知った諭吉は、日本が世界の国とつきあうためにはどうすべきかを考えたんだ。
外国から攻められたりしないように、日本はしっかりと国としての考えを持って「独立」し、対等につきあうことが大事だといっていたんだよ。

諭吉ってどんな人？

頭がいいし、こわい人なのかな…

とても明るい人だったんだよ。自分でも「子どもながらも精神は誠にカラリとしたものでした」といっているしね。
文章も軽やかでユーモアがあって、でもダメなものはダメとハッキリいう。サッパリとして筋の通った人だったんだよ。

『学問のすゝめ』ってどんな内容？

「勉強しなさい！」とかだったら読みたくないなあ

学問をすると、自分の意識がはっきりとしてくるんだ。そうすれば、前向きに働くこともできるし、幸せに生活することもできる。すべての人に学ぶ必要があるという、「国民皆学」の考え方を示したんだ。
この中の代表的な言葉は、「『天は人の上に人を造らず、人の下に人を造らず』といへり」。
人はみんな平等で、差別をしてはいけない。みんなが同じスタート地点に立って、努力した人が認められる社会でなくてはならない。やさしい文章でそう伝えたんだ。

日本初の女性医師！

荻野吟子

医師（1851〜1913）

男性が医師になるのが当たり前だった時代に、国家資格を持つ初の女性医師になったのが荻野吟子。女性が医学の勉強をすることすら認められなかったときに、目標をあきらめず努力を続けたことで、制度が変わり、社会が変わったんだ。

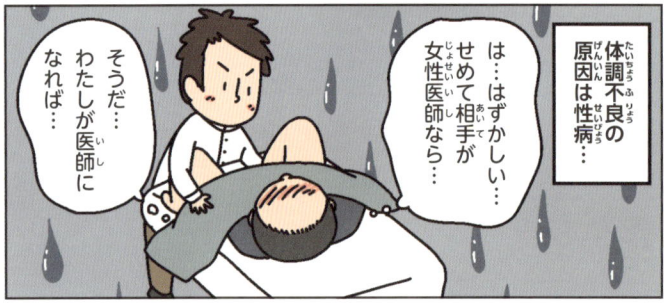

学校に入ってからも、男子ばかりでたいへんだったんじゃない？

女子同士のおしゃべりとかできないよねー

医学を勉強する学校は「女人禁制」といって、男子しか入れなかったんだ。
たのみにたのんでようやく入れた学校が「好寿院」というんだけれど、吟子は袴をはいて高下駄をはき、男子と同じ格好をして通っていたんだよ。

女性と思われないようにっていうことなのかなあ

そこまでして勉強をするなんて、本当に意志が強い人だったのね。尊敬しちゃう！

たいへんだから、やめたいと思うことはなかったのかな？

ぼくならそんなにがんばれないよー

自分が女性としてつらい目にあったことで、同じ思いをほかの女性たちにしてほしくない、そのためには自分ががんばらないと！　と思ったんだね。
今では女性のお医者さんがたくさんいるけれど、それは吟子がいたからこそ。どんなことでも、はじめて成し遂げた人は尊いよね。

関わりの深い偉人

野口英世（1876～1928）

福島県の猪苗代町で生まれ育った英世は、１歳のときに左手に大やけどを負ってしまった。その手を手術してもらったことで医学を目指し、アメリカで細菌学の研究を続けたんだ。３回もノーベル賞の候補になったよ。
黄熱病の研究中、自分も病気にかかって51歳で亡くなってしまったんだ。

３回もノーベル賞の候補になるなんて、野口英世ってすごい！ぼくなんて一度もないよ

…当たり前でしょ。それだけ世界に貢献する研究だったってことよ

伝染病の治療法を発見！

北里柴三郎

医学者、細菌学者（1852〜1931）

死にいたることもあった破傷風の菌を見つけ、治療法を確立した人。世界で1億人以上の人が亡くなったペスト菌を発見したのも北里柴三郎なんだ。研究によって同時代の人たちを救い、また、未来のわたしたちも救ってくれたんだよ。

どんな研究をしたの？

菌って見えないから
こわそうだけど…

破傷風菌のつくる毒により、全身のけいれんなどが起こる破傷風は、治療がおくれると命に関わる病気だったんだ。この菌を研究して、予防と治療の方法を見つけたんだよ。
また、これまでの歴史の中で、1億人以上が亡くなったペスト（黒死病）の菌を発見し、予防と治療の方法も確立したんだ。そのおかげで、現在では大流行はしていないんだよ。

世界中の人を救う仕事をしたんだね！
すごいなあ～

今では当たり前のように治療しているものでも、たいへんな研究があったのね

伝染病研究所ってどんなところ？

今もあるのかな？

伝染病や予防接種などの研究をしていたところで、今は東京大学医科学研究所になっているよ。この研究所をつくる援助をしたのが慶應義塾大学の福沢諭吉だったから、北里は恩返しの気持ちで医学科をつくったんだ。

そうだね。予防注射がいたいからってにげたりしちゃダメだね！
（でもいたい…）

生涯を医学の研究にささげた人なのね。そのおかげで、今わたしたちが健康でくらせるのかもね

関わりの深い偉人

志賀潔
（1870～1957）

伝染病研究所で北里の指導を受けた人。
明治時代に大流行した赤痢は、何万人もの患者がいて、25％が亡くなる病気だったんだ。
その菌をつきとめて研究し、治療法を確立したんだよ。
すばらしい研究をしても、本人はとても質素な生活をした人だったんだ。

英語で本を書いた！

新渡戸稲造

思想家、教育者（1862〜1933）

日本のことを海外の人に知ってもらおうと、『BUSHIDO（武士道）』という本を英語で書いたのが新渡戸稲造。明治の時代に、はじめから英語で本を書いたのはすごいよね。そのおかげで、外国の人が日本に興味を持つようになったんだ。

関わりの深い偉人たち

鈴木大拙（1870～1966）

仏教のひとつの宗派である「禅」の研究をし、「近代日本最大の仏教学者」といわれているよ。
アメリカでの生活が長かった大拙は、禅の文化を海外に広めるために、禅についての多くの本を英語で書いたんだ。

岡倉天心（1862～1913）

明治維新のころ、日本の美術品がたくさん海外に流出してしまったことがあった。
天心は、日本の古美術を保護しようと活動した人なんだ。そして、彫刻を修理したり復元したりして、古いものを大切に守ったんだね。
また、外国の人に日本文化を知ってもらうために『茶の本』などを英語で書いたんだ。

『武士道』って本は、どんなところがすごいの？

きびしいことが書いてありそう…

『武士道』は、もともと全文、英語で書かれた本なんだ。1900年にアメリカで出版されて多くの人に読まれ、その後フランス語やドイツ語などにも翻訳されたんだよ。海外の人が日本や日本人に関心を持つことを後押ししたんだね。アメリカの大統領セオドア・ルーズベルトも読んで影響を受けたといわれているよ。

それで、『武士道』には何が書かれているの？

甲冑の絵とか？

「武士道」とは「武士の掟」のこと。新渡戸の『武士道』の本には、日本人の精神性、日本人が何を大切にして生きているかなどが書かれているんだ。
「日本人とは何か」を外国の人に知らせるために書いたものが、日本人の心にひびくものにもなったんだね。

女子大をつくった人！

津田梅子

教育者（1864〜1929）

津田梅子は、日本における女子の高等教育機関のさきがけとなった人。まだ女性が高等教育を受けられなかった時代に、「女性も男性と同じように活躍できるように！」という思いを実現したんだよ。

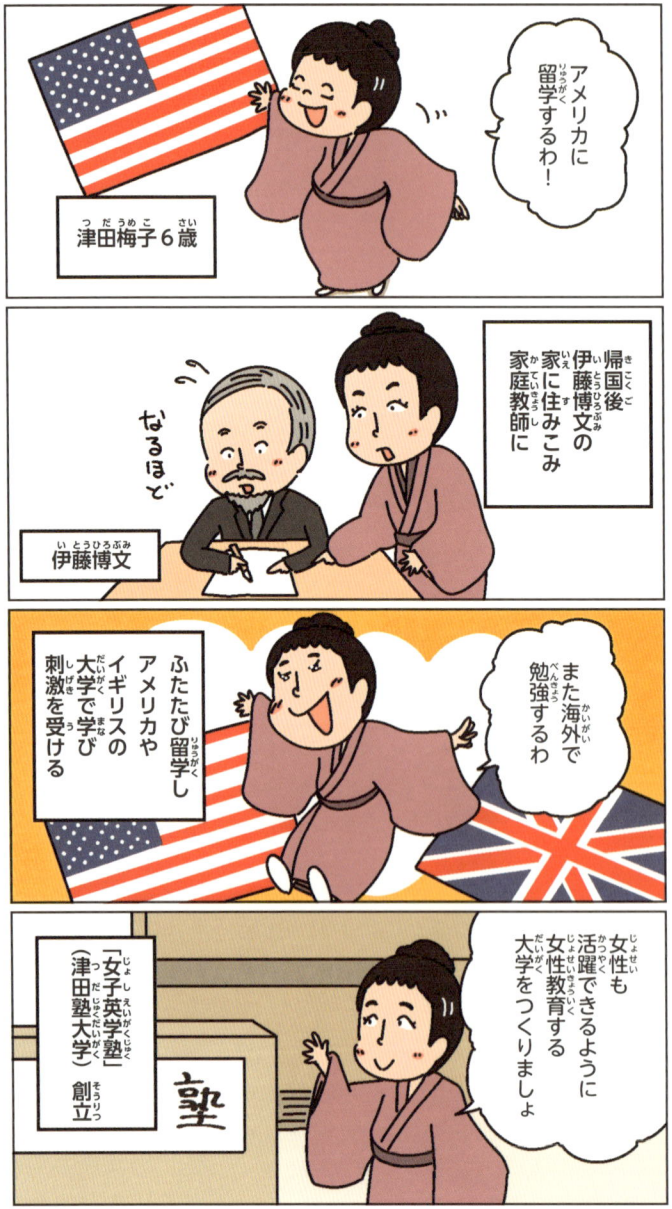

梅子は何回も海外に行ったのはなぜ？

ハンバーガーが食べたかったのかな？

教育者になるための勉強や、海外の大学の視察がしたかったんだね。それに、アメリカではヘレン・ケラーに会い、イギリスではナイチンゲールに会っているんだ。社会に貢献している女性に会って、より刺激を受けたんじゃないかな。

どうして6歳で留学したの？

海外旅行したかったからかな

明治のはじめに、アメリカやヨーロッパの国々を視察するために、岩倉具視をリーダーとした「岩倉使節団」というのが結成されたんだよ。梅子の父が、留学生としていっしょに行けるようにと応募して、梅子が行くことになったんだ。

関わりの深い偉人たち

伊藤博文（1841～1909）

吉田松陰に学んだ、明治新政府の中心人物。初代の内閣総理大臣で、内閣制度や大日本帝国憲法をつくることに力を注いだんだ。岩倉使節団の一員でもあり、梅子に目をかけていたんだよ。

フローレンス・ナイチンゲール（1820～1910）

19世紀のクリミア戦争のとき、看護師たちをひきいて戦地に行き、野戦病院の衛生状態を良くするなどして兵士たちの命を助けたんだ。そして看護学校をつくって、多くの看護師を育てたんだよ。梅子はナイチンゲールを尊敬していたんだね。

コラム

みんなの力を結集！　チームの成果

社会を変えるような大きな仕事は、チームを組んで力をあわせて成し遂げられる。時間がかかっても、途中で投げ出したくなっても、仲間がいたらはげましあえるよね！

【新幹線】

1964年、**東京オリンピック**の年に東海道新幹線が開業したよ。
当時では世界最速の時速210キロ、東京－大阪間を４時間で結んだ新幹線。その新幹線開発の中心人物のひとりだった**三木忠直**は、戦争中に爆撃機の設計をしていた海軍の技術者だったんだ。人の命をうばうためのものづくりをしていたことに苦しんだ三木は、**人の役に立つものをつくりたい**という思いで新幹線の開発に努力したんだよ。
「夢の超特急」といわれていた新幹線は、たくさんの人の努力があって、終戦後19年で完成したんだ。これは、日本人の技術力の高さを証明することにもなったんだね。新幹線によって人やものの大量輸送が実現し、日本の経済をささえるようになったんだ。
新幹線の成功は世界でも評価されて、フランスやドイツなど海外の鉄道敷設にもつながったんだよ。

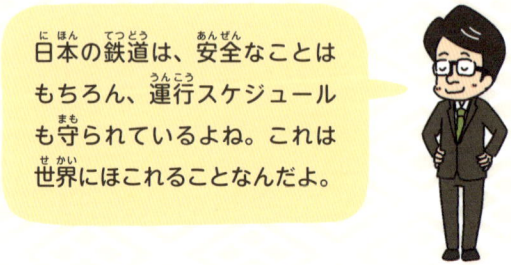

【ゴジラ】

ゴジラが誕生したのは1954年。
大人が見る映画が主流だった時代に、大人も子どもも楽しめる映画をつくりたいという思いで、**円谷英二**ひきいる若者たちの集団が生み出したヒーローなんだよ。
ゴジラは街をこわす怪獣のイメージだけれど、その奥には、**原爆の被害**にあった日本から世界に向けて、**核兵器**や**放射能**の危険性と平和を求めるメッセージがこめられているんだ。

ただの怪獣映画ではなく、今の時代にも通じる大切なメッセージがこめられているから、ゴジラは世界のヒーローになったんだね。

【天然痘撲滅】

天然痘は、３千年にもわたって人類を苦しめた病気。感染すると全身に発疹が広がっていたみが出て、死ぬこともあったんだよ。奈良の平城京や南米のアステカ文明がほろんでしまったのも、この病気のせいなんだ。
天然痘をなくすためにたたかったのが、日本人の**蟻田功**さんという厚生省（当時）の職員。彼がリーダーとなって各国のメンバーが集まり、患者にワクチン接種をして病気をなくすことができたんだ。
1980年には、ＷＨＯ（世界保健機関）が天然痘根絶宣言をしているよ。

蟻田さんというひとりの日本人が、勇気を持ってたたかったことからはじまったんだ。当時の患者さんたちだけでなく、未来のわたしたちも救われることになったんだね。

すぐれた戦国武将！

織田信長

戦国武将（1534〜1582）

当時の日本の中枢、天皇と将軍のいる京都を制圧して、天下を取ろうとした織田信長。戦国武将としては、豊臣秀吉、徳川家康とならぶ三英傑(非常にすぐれた三人)とされているよ。経済の活性化にも力を入れ、茶の湯を広めた人でもあるんだ。

楽市楽座って何？

なんか楽しそうだけど

城下町を発展・繁栄させるために、「座」という商人たちの組合を廃止して、だれもが自由に商売ができるようにしたんだ。今、ニュースなどで「規制緩和」って言葉を聞くと思うけれど、そのさきがけだね。経済発展を見こして、規制をゆるくしたんだよ。

信長は、性格がはげしい人っていうのは本当なの？

クラスにいたらこわいなー

たしかに、比叡山を焼き討ちしたり、数々の戦で多くの人の命をうばったことを考えると、短気で気性のあらい側面もあっただろうね。
その一方で、茶の湯を愛して、武家社会に茶道を広めたのも信長だったんだ。
はげしい面とおだやかな面、両方持っていたのかもね。

関わりの深い偉人たち

豊臣秀吉（1537～1598）

武家ではない下層階級の出身。今川家から織田家に仕えるようになって、頭角を現したんだ。
明智光秀をとらえて信長のかたきを討ち、天下を統一した。
兵農分離や太閤検地など、幕藩体制の基礎をつくった人でもあるね。

徳川家康（1542～1616）

信長と同盟を結んで勢力を拡大していくと、秀吉と対立。
しかし後に秀吉の天下統一にも協力したんだ。
秀吉の死後、関ヶ原の戦いに勝って征夷大将軍となり、江戸幕府を開いて初代将軍となったんだよ。

歩いて地図をつくった！

伊能忠敬

事業家、測量家
（1745〜1818）

日本ではじめて、自分の足で歩いて測量し、日本地図を作成したのが伊能忠敬。今みんなが使っている地図の基礎をつくった人だよ。それも若いときではなく、仕事を退職したあと！　努力と学びに年齢は関係ないんだね。

50歳から勉強をはじめるなんて、学ぶ意欲のある人だったのね！

ぼくだったら、勉強なんてしないで、隠居生活を思いっきり楽しむけどな〜

日本全国を歩くって、いったいどのくらい歩いたの？

足がいたくならないのかな…

忠敬は3.5万キロを歩いたといわれているよ。歩数を数えて距離を測るからね。
忠敬がやりたいといってはじめた測量だったけれど、実績が認められると、幕府からの命令と支援を受けて地図づくりをするようになったんだよ。

忠敬は、お兄ちゃんみたいにおっちょこちょいじゃなかったと思うわ

ひぇ～、一歩でもまちがえたらたいへんなことになっちゃうよ!!

年をとっても勉強するってすごいよね！

ぼくにはむりそう…

そうだね。忠敬がすごいのは、まずは家業を成功させてから引退し、第二の人生で地図をつくるという偉業を成し遂げたことだよね。
つまり、人生で二度も成功しているんだ。どちらもはじめてのことばかりだけれど、イチから努力して結果を出した忠敬のような人がいると、はげまされるね！

家業も測量も、仲間がいてこそ。いい仲間にめぐまれたのね

ひとりきりではできないもんね。やっぱり協力しあうことが大事！

関わりの深い偉人

関孝和（1642～1708）

甲府藩にいた孝和は、忠敬より前に、国絵図という領地別の地図をつくっていたんだよ。
数学者としては、紙に数字を書いて、自分で円周率を小数第11位まで計算したんだ。そろばんで計算していた江戸時代の日本に、高等数学の考え方を取り入れて発展させた人だね。

領地別の地図はあったけど、日本全国の地図は忠敬がはじめてつくったってことか

地図がない時代は、日本がどのくらいの大きさなのかもわからなかったのよね

明治政府のキーパーソン！

西郷隆盛

政治家（1827〜1877）

外国との交流を制限する「鎖国」が長く続いた日本に、アメリカから黒船がやってきた！　そのとき、「日本はこのままではいけない」と危機感を持ったうちのひとりが西郷隆盛。敵対する藩同士を結んで、新政府をつくるときの中心になった人だよ。

薩長同盟って何がすごいの？

薩長って、さつまいもと長いも？

鹿児島の薩摩藩と、山口の長州藩は、長い間政治的な対立をしていたんだ。でもアメリカから黒船が来航して、外国の脅威を感じるようになったら、国内で争っている場合ではないよね。そこで、開国して近代化するために江戸幕府をたおそうという共通の目的を持って、薩摩と長州が同盟を組んだんだ！　このときの薩摩藩の代表が西郷だったんだよ。

昨日の敵は今日の友ってことね

鹿児島と山口なんてそんなに遠くないんだから、もっと早くから仲良くすればよかったのにね。おいしいものとか交換してさ！

関わりの深い偉人たち

勝海舟

(1823～1899)

ペリー来航に刺激を受けて海軍の研究をし、「咸臨丸」で日本初の太平洋横断をしたんだよ。
帰国後、海軍の操練所をつくり、坂本龍馬たちが弟子になったんだ。
西郷とともに江戸城の無血開城を進め、明治の新政府で要職についた。西郷も龍馬も、勝のことをとても尊敬していたんだよ。

大久保利通

(1830～1878)

西郷のおさななじみで、薩長同盟でも活躍した人。明治の新政府の役人となって、版籍奉還（藩主の土地と人を天皇に返した）と廃藩置県（藩をやめて府と県にした）を行ったんだ。
その後、西郷とは「征韓論」で意見が対立するようになり、西南戦争で西郷を死に追いやることになってしまったんだ。

「無血開城」って何？

なんかの四字熟語かな

「血を流さずに城をあけわたす」という意味で、戦をすることなく、江戸城を明治の新政府にあけわたしたってことだよ。
もし戦いが起きて、大都市・江戸が戦火に巻きこまれることになったら、その隙に外国から攻めこまれてしまう。そうならないように勝海舟と西郷が条件を話しあって、西郷が幕府に提案したんだ。これは歴史的にも大きな出来事なんだよ。

そっかあ。だから今でも、江戸時代の貴重なものがたくさん残っているのね

話しあいで解決するのが一番だよね。血が出るなんて、いたくていやだよぉ

日本初の銀行を設立！

渋沢栄一

実業家（1840〜1931）

日本初の民間銀行をつくった人。それを皮切りに、500もの企業の創設、600もの団体の立ちあげにも関わっているんだ。「日本資本主義の父」ともいわれ、今の日本経済、実業界の土台を築いたといってもいいね。

どうして銀行をつくったの？

っていうか、銀行って自分でつくれるの？

みんなのお金を集めて、会社をつくりたい人にかす。これが銀行の役割。こうすれば、会社もどんどんできるよね。
渋沢が設立者といわれている第一国立銀行は後に「第一銀行」→「第一勧業銀行」となり、今は「みずほ銀行」となっているよ。

へぇ～、そんな昔の銀行が今も引き継がれているなんて、日本ってすごいね

みんなのお金をあつかうところだから、なくなっちゃったらこまるわよね

渋沢栄一ってどんな人だったの？

きびしくおこる人とか？

あまいものが好きで、お菓子を食べることもあったそう。
晩御飯には天ぷらやウナギなどを食べていたみたいだよ。
海外経験が豊富だからか、洋食も和食も、両方食べていたんだね。
『論語と算盤』というおもしろい本も残しているよ。

なんだー、お菓子を食べてるなんて、ぼくといっしょだ！

それ以外はだいぶちがうと思うけど…

どのくらいの会社をつくったの？

一年にひとつくらいとか？

渋沢は、500の企業の設立に関わったといわれているよ。自分で設立したものもあれば、設立する人にアドバイスすることもあったそう。
社会公共事業としては、ほかに600もの団体に関わっているんだよ。

そんなにたくさんあったら、どんな会社があるかわすれそう…

知識も経験も実力もあったから、それだけいろんな人からたよられていたってことよね

民主主義を誕生させた！

吉田茂

政治家、元内閣総理大臣（1878〜1967）

戦後日本の政治を立てなおし、民主主義国家の礎を築いたとされている政治家。内閣総理大臣を５回も経験しているのは、吉田茂だけだよ。世界の中で日本はどうあるべきかを考えて政治を行った人なんだ。

関わりの深い偉人たち

岸信介（1896～1987）

同時代の政治家で、吉田とはライバル関係にあったといわれていて、吉田の数年後に総理大臣になったよ。
社会保障に力を入れていて、国民全員をカバーする「国民皆保険」や「国民皆年金」、「最低賃金法」という制度をつくった人でもあるんだ。
弟はノーベル平和賞を受賞した佐藤栄作だよ。

白洲次郎（1902～1985）

戦後、吉田の側近として活躍した人。
背が高くてハンサムで、外国に対してもいうべきことはきちんと主張する人だったそう。政治家ではなかったけれど、サンフランシスコ講和条約の調印に立ち会ったほど、吉田に信頼されていたんだね。
遺書には「葬式無用、戒名不用」と書かれていて、いさぎよい性格がわかるね。

総理大臣になったのがすごいの？

なんかいっぱいいそうだけど…

第二次世界大戦後、初の普通選挙が行われて総理大臣になった人が、吉田なんだ。
戦争で敵対していた連合国と日本との間で結ばれた「サンフランシスコ講和条約」に調印したのも吉田。
この条約の施行によって連合国による占領が終わり、本当の意味での「終戦」になったんだよ。

吉田茂ってどんな人だったの？

頭が良さそうってことはわかるけど

イギリスでの経験もあって、外交感覚にすぐれていた人だね。外国とどうつきあうべきかというのが大切な時代にあって、吉田は総理大臣として手腕を発揮したんだよ。
ただ、国会で野党議員に「バカヤロー」と怒鳴ったりしたこともあって、感情的な一面もあったんだね。

大企業をつくった経営の神様！

松下幸之助

実業家（1894～1989）

日本の電化製品、家電製品を開発し、わたしたちの生活をいちじるしく便利にしてくれたのが松下幸之助。一代で世界に知られる大企業に成長させ、「経営の神様」ともいわれているよ。今でも慕う人はたくさんいるんだ。

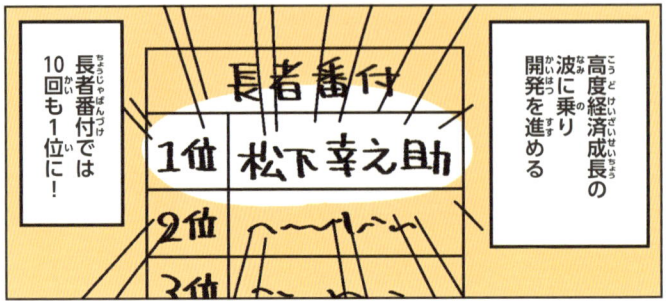

小学校を途中でやめたのに、大会社の社長になったなんて、パワフルな人だね

学歴は関係なく、自分のやりたいこと、やるべきことを一生かけてつらぬいたのね

いろんな改革をした人でもあるの？

たくさんの人に尊敬されているもんね

「松下政経塾」を開いて、政治家を育てることもしたんだ。
また、今では学校や会社が週休２日なのは当たり前だけれど、1965年に、会社としてはじめて週休２日制を取り入れたのは松下なんだよ。仕事の能率を高めるために、しっかり休みを取ることが大事という考え方だったんだね。

社長としてもすごいけど、発明もしたの？

いろいろやってるんだね

「二股ソケット」といって、電気を二つ同時に取れるようにしたものを発明したんだよ。
今では当たり前だけれど、昔はひとつしか電気を使えなかったんだ。はじめはなかなか認められなかったけれど、製品化されると便利なことがわかって人気になったんだよ。

それはありがたい!!
そうでなかったら、毎週土曜日に学校に行かなきゃいけなかったんだね

遊ぶために休むんじゃないのよ、もっとがんばるための休みなんだからね！

そっか。
今はいっぱいコンセントをさして使ってるけど、昔はそうじゃなかったんだね

より便利な生活ができるようにって、ずっと考えていたからひらめいたのね！

関わりの深い偉人たち

本田宗一郎（1906～1991）

高等小学校卒業後、自動車修理工場につとめた本田は、自分で会社をつくってオートバイや車の製造をはじめたんだ。それが「本田技研工業」、つまり「ホンダ」だね。1964年からはF1レースに参加するようになって、「ホンダ」の名前を世界的に広めたんだ。

井深大（1908～1997）

盛田昭夫とともに町工場をつくって、テープレコーダーやトランジスタラジオ、家庭用のビデオテープレコーダーやウォークマンを開発したんだ。
戦後の日本経済をもりあげて、「ソニー」という世界的な企業にまで成長させたんだよ。

命のビザで人々を救った！

杉原千畝

外交官（1900〜1986）

迫害されていたユダヤ人が国外に脱出できるよう、「命のビザ」を発給したのが杉原千畝。国の許可なく自分の判断で行ったために、後に批判を受けることになるけれど、ひとりでも多くの命を救いたいという信念で行動したことはすばらしいね。

ビザを出すことが、どうして人を救うことになったの？

ビザならおいしいけどね

ほかの国に行くためには、「この人は他国に行っても大丈夫な人」という証明が必要なんだ。それをビザといって、大使館や領事館という国の機関で審査し、発給するんだよ。
でも、迫害にあっていたユダヤ人は、自分の国でそれをもらうことができなかった。だから千畝は、助けを求めにきたユダヤ人に独断でビザを発給したんだ。

すごく勇気のある人なんだね！
ぼくだったらビビッちゃうよ～

こまっている人を見すごすことができなかったのね

そんなにいいことをしたのに、どうして批判されたの？

ほめてあげればいいのに

ビザの発給というのは、国と国との取り決め。それを千畝がひとりの判断でやったことを、国として認めるわけにはいかなかったんだね。中には、「ユダヤ人からお金をもらってやったんだ」とかげ口をいう人もいたけれど、千畝はいいわけしなかったんだ。

国と国との決まりも大切だけど、人の命はそれより大切よね

ぼくだったら、かげ口をいわれたらいい返しちゃうけどなあ

何人くらいの人を助けたの？

たくさんいたのかなあ

千畝が発給したビザは2139通。
ひとりでも多くの人を救うため、日本に帰るときは、列車が発車する間際までビザを書き続けて、列車の窓から手わたしたそうだよ。

列車に乗ったらお弁当食べたくなっちゃうけど

もう…、そんな状況じゃないでしょ！

コラム

世界を変えた！ 日本人のノーベル賞受賞者たち

世界的な賞であるノーベル賞。日本人でもたくさんの人が受賞しているよ。人の役に立ちたい、人を救いたい、人を幸せにしたいという思いと、地道な努力によって成し遂げた偉業だね。

★山中伸弥

京都大学iPS細胞研究所所長
2012年ノーベル生理学・医学賞受賞
（ジョン・ガードンと共同受賞）
（1962～）

山中先生は、若手の研究者の育成にも力を入れていて、すぐれた研究者であると同時に、すぐれた教育者でもあるんだよ。

iPS細胞とは、体のさまざまな組織や臓器になりうる細胞のこと。これをつくり出したことで、ノーベル賞を受賞したんだよ。

このiPS細胞を使えば、病気やけがで失ってしまった体の部位や臓器でも、自分のほかの部分の細胞を使って**移植**することができるようになるんだ。だから、**再生医療**や不治の病の治療など、大きな期待がよせられているんだよ。がんや認知症など、治すのがむずかしいとされている病気の治療法も、見つかるかもしれないよね。

iPS細胞は、医療の発達という言葉ではいい表せない、すごい発見なんだよ。わたしたち人間の生き方を変える可能性もあり、また、生命のなぞをとき明かす可能性だってある。奇跡といわれていたことが本当になるかもしれない、大発見なんだ。

それはすごい！じゃあ、もっと足が長くなりたいと思ったら、iPS細胞でビヨーンってのびるかな？

そんなはずかしいこと、大きな声でいわないでよ！

★湯川秀樹

理論物理学者
1949年ノーベル物理学賞受賞
（1907～1981）

研究ももちろんすごいんだけど、世界の平和のために活動していたところが尊敬できるよね。

日本人初のノーベル賞受賞者が湯川秀樹。
湯川の研究は**「中間子の存在」**。物質を細かく分けると原子になるんだ。その原子はさらに電子と原子核に分かれ、原子核は陽子と中性子に分かれるんだよ。
湯川は、その陽子と中性子を結びつけている「中間子」という粒子の存在を予言したんだ。後にそれが本当だと証明されて、ノーベル賞を受賞したんだ。
湯川は小さいころから本を読むのが好きで、大学に入ってから理論物理学を勉強することに決めたんだ。兄も弟も学者だよ。
ノーベル賞を受賞した1949年は、終戦からわずか4年後。当時の日本人を元気づける明るいニュースだったんだね。また、アメリカで**アインシュタイン**と出会ったことで、**核兵器の廃絶**や**平和運動**にも力を入れた人なんだよ。

原子とか陽子とか、そんな小さいものをよく研究できたよね。ぼくなんか、目がチカチカしちゃうよ～

あのね、そういう小さいものは電子顕微鏡で見るものなのよ

★小柴昌俊

物理学者
2002年ノーベル物理学賞受賞
(1926～)

人間の目には見えないものの重さを証明したんだ。科学の可能性を感じるよね。

子どものときに小児まひにかかり、その後遺症で音楽家や軍人になるという夢をあきらめたんだって。その代わり物理学の本を読んで興味を持ったんだそう。ノーベル賞では、世界ではじめて素粒子**「ニュートリノ」**を**「カミオカンデ」**という巨大な水槽のような装置を地下につくって観測したこと、「スーパーカミオカンデ」によって「ニュートリノ」に重さがあることを確認したことが評価されたんだ。

「カミオカンデ」って、「紙をかんで」かと思っちゃった！なんで紙なんてかむんだろうね、へへっ

岐阜県の神岡鉱山の地下につくったから「カミオカンデ」なのよ。世界的な研究施設に、そんなに適当に名前をつけるわけないでしょ

★大村智

北里大学特別栄誉教授
2015年ノーベル生理学・医学賞受賞
(1935～)

大村先生の研究は、現代の人たちを救うものなんだ。3億人を救うなんて、神様みたいな人だよね。

静岡県内の土の中から、寄生虫によって引き起こされる感染症を治療する効果のある**「エバーメクチン」**という化合物を発見した人。それが後に**「イベルメクチン」**という**治療薬**になったんだ。
アフリカを中心に、この感染症で失明する人が多かったんだけれど、「イベルメクチン」のおかげで年間3億人もの人が救われているんだよ。

3億人もの人を救う薬を発明したなんて、神様みたいな人だね。それに、その元になるものが日本の土の中にあったっていうのもおどろき！

そうよね！　日本の土が、遠いアフリカの人たちの命を救うって考えたら、世界はつながっているんだなって思うわよね

★川端康成（かわばたやすなり）

作家
1968年ノーベル文学賞受賞
（1899～1972）

日本という国の良さを文学という形で表現した川端の小説は、今でもたくさんの人に読まれているよ。

日本の美や日本人の心を描いた、近現代文学を代表する作家のひとり。ノーベル賞の対象となった作品は、『**雪国**』や『**古都**』など。日本人の心をすぐれた感性で表現したこと、また、小説の英訳もたくさん出ていたことで、東洋と西洋のかけ橋になったと評価されたんだ。ノーベル賞受賞記念の「**美しい日本の私**」という講演では、日本古来の和歌などを引用しながら話をしたんだよ。

「国境の長いトンネルを抜けると雪国であった。夜の底が白くなった」っていうのが、『雪国』の有名な書き出しよね

そのくらい、ぼくにも書けるよ！「学校の長い階段を下りると給食室であった。お腹の底がグーッと鳴った」とかね！

★大江健三郎（おおえけんざぶろう）

作家
1994年ノーベル文学賞受賞
（1935～）

人間が生きる上で大切なことは何かを小説で描いているんだ。みんなもいつか読んでみてほしいな。

大学生のときから作家として活躍していた人。大江さんには障がいのある息子さんがいて、自身の親子関係をテーマにした作品をいくつか書いているんだ。個人的な問題を深くほり下げて描くことで、ほかの人たちも共感できる大切なことを小説として表現しているのがすごいんだね。受賞講演では、川端の「美しい日本の私」を元に、「**あいまいな日本の私**」というタイトルで話をしたんだよ。

「あいまいな日本の私」っていうのは、大江さんの批評精神の表れでもあったのね

ぼくだったら、「今日も元気だ日本の私」かな！

世界で評価された監督！

黒澤明

映画監督（1910〜1998）

日本映画が世界に認められるようになったきっかけをつくったのが黒澤明。はげしい合戦のシーンを迫力ある映像で撮り、また、人の心の複雑さを丁寧に描いたすばらしい作品をつくったことで、海外の監督からも尊敬されているんだよ。

外国の人は時代劇とかわかるのかなあ

物語の良さは万国共通なのよ。外国の人が日本に「サムライ」のイメージを持っているのは、黒澤監督の映画を見ているからかもね

映画をつくる才能って、どうやって身についたのかなあ？

学校とかで習うの？

黒澤が13歳のときに、関東大震災があったんだ。たくさんの人が亡くなっているところを、お兄さんに「よく見るんだ」といわれて見たんだそう。こわいものからも目をそむけず、自分の目で見ることを学んだから、物事をしっかり観察して映画として描くことができるようになったんじゃないかな。

すごいね。ぼくだったら目をつぶっちゃうよー

こわいけど、実際に起こったことだもんね。しっかりと見て受けとめるって大事よね

「世界のクロサワ」ってよばれるようになったのはなぜ？

賞とかいっぱいとったから？

『羅生門』という作品で、ベネチア国際映画祭のグランプリをとったことがきっかけだよ。この原作は、芥川龍之介の『藪の中』という短編小説なんだ。迫力のある映像で、人間の奥底を描いた名作。日本国内よりも海外で先に評価されたんだ。

日本にこんなにすばらしい映画があるって、世界に証明したのね！

海外の人は、侍の言葉がわかったのかな…。あ、英語で見るのか

海外の映画監督からも尊敬されているの？

ぼくも知っている人かなあ？

『ジュラシック・パーク』のスティーブン・スピルバーグや『スター・ウォーズ』のジョージ・ルーカスは、黒澤に影響を受けたといっているよ。クリント・イーストウッドは、黒澤の『用心棒』という作品のリメイクで『荒野の用心棒』という作品をつくっているんだ。世界で活躍する監督たちが尊敬する監督なんだね。

関わりの深い偉人

小津安二郎

(1903～1963)

黒澤とは対照的に、親子関係や娘の結婚など家族をテーマに作品をつくった監督。絵画のように美しい場面を撮ることで知られているよ。代表作は『東京物語』や『秋刀魚の味』。芸術性の高さと人物を深く描く手法で、小津も国内外の監督たちに影響をあたえているんだ。

テレビ女優第一号！

黒柳徹子

女優、司会者（1933〜）

黒柳徹子さんは、テレビに出る女優さんとしての第一号！　テレビ司会者としてのギネス記録も持っていて、本もベストセラー、社会貢献も積極的にしているよ。長い間テレビの第一線で活躍しているね。

小学校を退学って、そんな問題児だったんだ…。それにくらべたら、ぼくなんていい子だなあ

でも、転校した学校がとてもあっていたみたいだから、よかったのかもね

『徹子の部屋』って何回くらい続いているの？

ぼくも見たことあるよ！

2015年に放送回数が1万回をこえたんだ。「同一の司会者による番組の最多放送回数記録」としてギネス世界記録にもなってるんだよ！
黒柳さんはとても勉強家で、ゲストのことを事前にたくさん調べて、手書きで資料を用意しているんだ。そういう準備を1万回続けていることにも頭が下がるね。

その場で思ったことを自由にしゃべっているのかと思ってた

そういうかげの努力がとても大切なのね。見習わなきゃ！

『窓ぎわのトットちゃん』ってベストセラーなの？

学校の図書館にもあるかなー

戦後に出た本としては、今だに『窓ぎわのトットちゃん』が一位なんだよ。当時は「トットちゃんブーム」が起こり、世界中で翻訳されているんだ。
黒柳さんの小学校時代がテーマで、小説ではなくて実際にあったことが書かれているのが特徴だよ。

転校した学校でのことが書かれているのね

「問題児」を受け入れるってことは、おもしろい学校なのかもね。ぼくも転校しようかなー。へへっ

芸能以外の活動もしているの？

いろいろやっていて、すごいね

黒柳さんは、1984年から「ユニセフ親善大使」として活動しているよ。ユニセフとは、世界中の子どもの命と健康を守るための国連機関。黒柳さんは、その親善大使としてアジアではじめて任命されたんだよ。
今でも毎年世界の国々を視察して、子どもたちとふれあっているんだ。

子どものために活動するなんて、ますます尊敬しちゃう！

よし、ぼくも親善大使になろう！あ、立候補するんじゃなかったっけ…

性別をこえて大活躍！

美輪明宏

シンガーソングライター、俳優（1935〜）

歌とお芝居で多くの人をひきつけ、その芸術性の高さが国内外で認められている美輪明宏さん。性的マイノリティー「LGBT」のさきがけでもあり、差別意識を実力で乗りこえた人でもあるんだ。

美輪さんって、どんな人なの？

きれいな人ってことは
わかるけど

美輪さんは、元々は男性として生まれたんだけれど、女性として生きていきたいと思っていたんだ。でも昔は、それが差別の対象になっていたんだよね。16歳で高校をやめて、性別も国籍も年齢もひみつにして歌手デビューしたら、その美貌とファッションでものすごく人気になったんだよ。

ひみつがたくさんあったから、それも不思議な魅力になったのね

ぼくもそんな美少年に生まれたかったなあ

今は、男性でもあり女性でもある人が、たくさんテレビに出てるよね？

けっこう見ちゃうんだよねー

今は、昔にくらべたら差別が少なくなってきたかもしれないね。そのさきがけが美輪さんなんだよ。圧倒的な歌唱力と芝居で人々をひきつけ、芸術性と実力の高さで差別を乗りこえたんだね。

すてきねー。自分の信念をつらぬいて、多くの人を感動させるなんて

歌って演じるだけじゃなくて、歌をつくったり演劇の演出もするんだよね。芸術のセンスがあるんだね！

関わりの深い偉人

三島由紀夫

(1925～1970)

戦後の日本文学界を代表する人で、ノーベル文学賞の候補にもなったんだ。『仮面の告白』や『金閣寺』など、作品は今も読み継がれているよ。美輪さんとは親しい友人としてつきあいが続き、美輪さんの美しさを「天上界の美」とほめたたえたんだ。江戸川乱歩原作で、三島が脚本を書いた『黒蜥蜴』にも美輪さんは何度も出演しているよ。

コラム

世界で走った！ 女子マラソン選手たち

女子マラソンが競技として認められるようになったのは1970年代。世界的には歴史の浅いスポーツなんだ。日本人女子は欧米の選手にくらべたら体格は小さいけれど、スタミナとガッツで数々の結果を残しているよ！

★高橋尚子

シドニーオリンピック金メダリスト
（1972～）

過酷な環境でも、笑顔で走るすがたが印象的だったね。日本の女子マラソンの快進撃は、高橋さんからはじまったといっても過言ではないくらいなんだよ。

「Qちゃん」の愛称で知られる高橋さんは、2000年の**シドニーオリンピック**で金メダルをとった人。日本の陸上界では、女子がオリンピックの金メダルをとるのは史上初だったんだよ。そして、このときのタイムは2時間23分14秒で、当時のオリンピック女子マラソンの最高記録だったんだ。

翌年2001年のベルリンマラソンでは、2時間19分46秒の当時世界最高記録で優勝。このときが、日本女子マラソン選手が、はじめて世界記録を更新したときでもあったんだよ。

高橋さんは、陸上日本女子選手として**史上初の金メダル、史上初の世界記録樹立**という、すごい成績を残した人なんだ。シドニーオリンピックで走り終わったときも「すごく楽しい42キロでした」と笑顔で語っていて、マラソンの楽しさを伝えた人でもあるんだね。

マラソンっていっても、目の前で見るとものすごいスピードで走っているよね。ぼくの全速力より速いよ～

その速さで42キロ走るのに、笑顔でいられるっていうのはすてきよね

★野口みずき

アテネオリンピック
金メダリスト
（1978～）

小さい体でパワフルに走る野口さんに、勇気をもらったね。がんばればできることを教えてくれた人だよ。

高橋尚子さんが金メダルをとったシドニーオリンピックの次、2004年の**アテネオリンピック**で金メダルをとったのが、野口さん。野口さんは、その翌年のベルリンマラソンでは2時間19分12秒の大会新記録で優勝。つまり、日本女子マラソンの最高記録を持っているのが野口さんなんだよ。野口さんは、「走った距離は裏切らない」といっていて、この言葉は努力の大切さを伝えているんだね。

★有森裕子

バルセロナオリンピック
銀メダリスト
（1966～）

今はプロのマラソンランナーとして、たくさんの人たちに走ることの楽しさを教えることで貢献しているんだね。

有森さんは、高橋尚子さんよりも前の1992年、**バルセロナオリンピック**で銀メダルを獲得したんだ。そして次の1996年**アトランタオリンピック**では銅メダル。日本女子陸上界ではじめて、オリンピック2大会連続でメダルを獲得したんだよ。銅メダルをとったときの、「はじめて自分で自分をほめたいと思います」という言葉は有名になったね。**プロのマラソンランナー第一号**でもあるよ。

歌舞伎をはじめた人！

今でいう「歌舞伎」をはじめたといわれているのが出雲の阿国。安土桃山時代の人で、その生涯ははっきりと文献などには残っていないんだ。男性が演じる歌舞伎をはじめたのは、実は女性だったというのはおもしろいね。

出雲の阿国

女芸能者
（16世紀後期～17世紀前期）

「かぶきおどり」の「かぶき」ってどういう意味？

「かぶる」とはちがうの？

これは「かぶく」という動詞で、「頭をかたむける」という意味もあるんだけれど、そこから「普通ではない」という意味になったんだ。「かぶき者」といえば、派手な身なりをして常識的ではない行動をする者のこと。女性である阿国が男性の格好をしておどったのを「かぶきおどり」といったんだね。

「かぶきおどり」は、今の歌舞伎とも関係あるの？

名前が同じだしね

そう！　いいところに目をつけたね。女性が武士の格好をするのが「かぶきおどり」で、これは後に「女歌舞伎」となったんだ。そして「女歌舞伎」が禁じられると若い男性がおどる「若衆歌舞伎」となり、それもまた禁じられたので、男性がおどる「野郎歌舞伎」になった。これが今の「歌舞伎」の元なんだよ。

関わりの深い偉人

五代目　坂東玉三郎

(1950～)

小児まひの後遺症のリハビリのために舞踊をはじめ、舞踊に目覚めた玉三郎は、14歳で歌舞伎役者の養子になったんだ。

日本を代表する女形（女性の役を演じる男性）であり、映画監督や舞台の演出も手がける、歌舞伎界の第一人者だよ。

海外で大人気の浮世絵師！

葛飾北斎

画家、浮世絵師（1760〜1849）

大胆な構図と色使いで富士山を描いた葛飾北斎。日本だけでなく、海外でも人気になったんだ。見たままを繊細に描く西洋の技法を見なれていた人たちにとって、北斎の思いきった絵は衝撃的だったんだね。

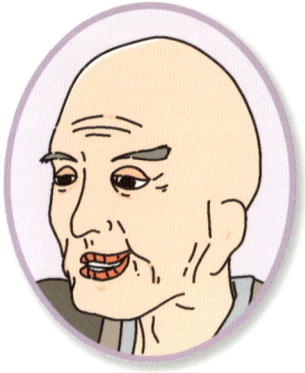

アメリカの雑誌で、「この1000年間に偉大な業績をあげた世界の人物100人」の中に、ただひとりの日本人として選ばれたんだって！

北斎は何がすごいの？

いっぱい絵を描いたから、とか？

今、外国では日本のマンガやアニメ、ゲームが人気だよね。それを「クールジャパン」とよぶんだけれど、北斎はずっと昔に海外で人気になっていたから、クールジャパンのさきがけといってもいいんだ。西洋画とはちがう斬新さがあって、それが評価されていたんだね。

『富嶽三十六景』ってどんな絵？

36枚の絵かなー

おしい！　もともとは36図の予定だったのが、人気が出たから46図になったんだ。一番有名なのは『神奈川沖浪裏』。ものすごく大きな波の向こうに富士山が見えるんだ。波はリアルに描かれているのに、風景としては存在しない絵。でも、迫力があって見る人を圧倒するよ。その大胆さが北斎の魅力なんだね。

北斎って変わった人だったの？

絵のことしか考えてないから、ヘンな人だったのかなー

北斎は、絵を描くことに集中していたから、部屋のそうじもあまりしなかったんだ。だから、部屋がよごれると引っこしをしていたらしい。一日に3回も引っこしたことがあるなんていわれているんだよ。

関わりの深い偉人

歌川広重（1797～1858）

北斎より年下の広重も、江戸時代の終わりに人気になった浮世絵師。有名なのが、東海道という街道の宿場町を描いた『東海道五十三次』。また、北斎を意識して描いたと思われる『富士三十六景』というのもあるよ。広重は「ヒロシゲブルー」といわれるくらい、青色（藍色）の使い方がうまかったんだ。

フランスで有名な画家！

藤田嗣治（レオナール・フジタ）

画家（1886〜1968）

芸術大国フランスで、最も有名な日本人画家といわれている藤田嗣治。フランスやベルギーで勲章までもらっているんだ。独特の手法を切り開いた芸術家で、祖国日本では亡くなったあとに評価されるようになったよ。

せっかく日本に帰ってきたのに、批判されたなんてかわいそうだね

芸術として戦争の絵を描いたのに、それが理解されなかったのね…

代表作にはどんなものがあるの？

エッフェル塔とか
描いてるのかなー

藤田には、女性や猫を描いた作品が多くあるよ。フランスで絶賛された代表作は、『寝室の裸婦キキ』という作品。「乳白色の肌」とよばれた手法で描かれていて、おさえた色使いと繊細な線で女性の優美さを表す、藤田独自のものなんだ。

関わりの深い偉人

黒田清輝（1866～1924）

藤田と同時代の画家で、「近代洋画の父」とよばれているよ。法律の勉強のためにフランスに行ったんだけれど、そこで画家になることを決意したんだ。
帰国後は、美術学校の教授や貴族院の議員にもなって、日本の洋画界をリードする存在になったよ。最も有名な作品は、重要文化財に指定されている『湖畔』だよ。

批判されたのにどうして反論しなかったの？

ぼくならやっつけちゃう！

藤田が戦争画を描いたのは、戦争という事実を描き残したいという気持ちがあったからじゃないかな。真剣に向きあって描いたからこそ、人々の心を打つ作品になったんだね。わかる人がわかってくれればいい、批判したい人はすればいい。そう思って反論しなかったのかもね。

日本のマンガを発展させた！

手塚治虫

マンガ家（1928〜1989）

今、世界でも注目されている日本のマンガ・アニメは、この人なくしては語れない！マンガの新たな表現技法を生み出し、また、ストーリーのあるマンガを生み出した人でもあるよ。多くのマンガ家が尊敬してやまない人なんだ。

関わりの深い偉人たち

藤子不二雄

藤子・F・不二雄（1933～1996）
藤子不二雄Ⓐ（1934～）

手塚が住んでいた「トキワ荘」の14号室に、あとから入ったのが藤子不二雄。あこがれの手塚の使っていた机でマンガを描いていたんだ。『ドラえもん』の作者も、手塚のことを神様のように思って尊敬していたんだよ。

石ノ森章太郎

（1938～1998）

手塚に影響を受けてマンガ家を目指し、高校生のときに、『鉄腕アトム』を描いていた手塚のアシスタントになったんだ。マンガ家としてのデビュー後は、『仮面ライダー』『サイボーグ009』などを描いて大人気になったよ。

いろんなマンガを描くってことは、いろんな才能があったの？

知らないことは描けないもんね

手塚は、戦争を体験したことで命の大切さが身にしみていたんだね。だから、医学の勉強をして医師の資格も持っていたんだ。神の手を持つ医師が登場する『ブラック・ジャック』は、医学の知識を活かして描いたんだね。

すごいなー！マンガ家になるだけでもたいへんなのに、医師の資格も持ってたなんて。どっちかひとつゆずってほしいくらいだよ

なりたいものがあったら、自分で努力しなきゃね

作品のどんなところがすごいの？

おもしろいのはわかるけど…

1952年に描かれた『鉄腕アトム』は、21世紀が舞台で、科学の発展によって起こる問題も描いているんだ。今読むと、手塚が描いた通りになっていることもたくさんあるよ。『ジャングル大帝』には、人間と動物がともに生きるにはどうしたらいいかというテーマがあって、これは国も時代もこえて考えるべき問題だね。
そういうことをマンガとして表現したところが手塚のすごいところだよ。

マンガだからって、ただおもしろいだけじゃないんだね

マンガで大切なことを伝えようとしたのね

世界的評価の高い芸術家！

草間彌生

画家、前衛芸術家（1929〜）

世界で作品が認められている女性芸術家のひとり。作品自体に社会的なメッセージをこめ、世界に影響をあたえたという点でも、評価されているんだ。芸術において、自分自身の表現方法を切り開いたところがすごいね。

子どものころから好きなことで世界から認められたんだね！

絵を描くだけじゃなく、戦争反対とかの社会的な活動をしているのもすごいわよね

どうして水玉を描いているの？

描きやすいから？

小さいころ、あるはずのないものが見える「幻覚」や、聞こえないはずの音が聞こえる「幻聴」に悩まされていたんだ。それらを絵に描いていたものが、水玉のモチーフになったといわれているんだよ。自分のためにはじめたことが、やがて世界で評価される芸術になったんだね。

自分のためでも、それを一生かけてつきつめると大きな成果につながるんだね

お兄ちゃん、するどい！なんでも一生懸命やり続けることが大事なのね

前衛芸術ってどんなもの？

なんか普通じゃない感じはするけど…

前衛芸術というのは、もともとあったもの、「こうあるべき」とされてきたものではなく、新しい表現を生み出した芸術のこと。型やぶりということだね。新しいことをはじめると、「そんなものはダメだ」と批判されることもあるけれど、草間さんはそれをおそれずにチャレンジし続けている人なんだよ。

よし！ぼくも新しい絵を描くぞ！

それは、新しいのかしら…？ただ適当に描いてるように見えるけど

関わりの深い偉人

岡本太郎（1911～1996）

マンガ家の父と、歌人で小説家の母という芸術一家に生まれたんだ。フランスにいるとき、ピカソに強い影響を受けたんだよ。1970（昭和45）年、大阪の万国博覧会のためにつくった『太陽の塔』は、今でも有名だね。テレビのバラエティー番組でも活躍した太郎は、「芸術は爆発だ！」という名言を残したんだ。草間さんとともに、日本を代表する前衛芸術家として世界に知られているよ。

「芸術は爆発だ！」ってどんな意味？

芸術とは、今までの当たり前をこわすものだ！ってことじゃないかしら

アニメをドラマにした！

宮崎駿

映画監督、アニメーター（1941〜）

子どもが見るものだった日本のアニメーションを、子どもも大人も見て感動できる長編ドラマとしてつくりあげた人。生きることの大切さを作品として表現し、たくさんの人を勇気づけているよ。海外にもファンがいるね。

子どもが主人公の作品が多いのかな？

だからぼくたちも
楽しく見られるんだね

宮崎監督は、子どもの視点で作品をつくることが多いんだ。それだけ子どもという存在を大切に思っているんだね。記者会見で、作品を通して子どもたちに伝えたいことは、と聞かれたとき「この世は生きるに値する」と答えていたよ。つらいことや悲しいことがあっても、がんばって生きてほしいというメッセージなんだね。

映画を見ると勇気がわいてくるのは、そういうメッセージがあるからなんだね

映画の世界に入ってみたいと思うくらい、楽しい気持ちになるのよね

おすすめの作品ってどんなの？

まだ見ていない人に
教えてあげたいな

たくさんあるけれど、小学生のみんなにおすすめしたいのは、この三つかな。

『となりのトトロ』

田舎に引っこした姉妹が、不思議な生きもの「トトロ」と出会う物語。自然とともに生きる田舎での日々や、子どもの素直なやさしさは、大人が見ても心を打たれるよ。純粋な子どもだからこそ、トトロと出会えたんだね。

『もののけ姫』

呪いをかけられた青年・アシタカが、その呪いをとく旅に出て「もののけ姫」＝サンに出会い、人間と神々との争いに巻きこまれていく物語。むごい戦いがくり広げられる世界でも、生きることの大切さをうったえているよ。

『千と千尋の神隠し』

10歳の千尋は、八百万の神々の世界にまよいこみ、両親を豚にされてしまう。両親を助けるために湯屋で働きはじめ、仕事をまじめにこなしたり、仲間を助けたりする中で成長し、人間の世界にもどるという物語。誠実で思いやりのある千尋に勇気をもらえるよ。

千尋ががんばっているすがたを見ると、はげまされるわよねー

ぼくはトトロがいいな。トトロの背中に乗ってみたいなー

コラム

本場で活躍！ 大リーグにわたった選手たち

日本でもアメリカでも活躍する野球選手がふえているよね。日本人選手が世界でも通用すると証明するまでには、並々ならぬ努力があったんだよ。結果を出してはじめて認められるスポーツの世界でがんばる人たちには、勇気をもらえるね。

★野茂英雄

近鉄バファローズ→大リーグ
（1968～）

野茂さんの活躍によって、日本人選手が大リーグに行く道筋ができたんだ。新たな道を切り開いたという点では、偉業といえるね。

野茂さんは、1995年に近鉄バファローズ（今のオリックス・バファローズ）から**ロサンゼルス・ドジャース**にピッチャーとして入ったんだ。日本から大リーグに行った選手としては二人目なんだけれど、野茂さんがすばらしい結果を出したことによって日本人選手が注目されるようになり、たくさんの選手がアメリカに行くようになったから、その功績はとても大きいんだよ。野茂さんの特徴は、大きくふりかぶって背中を打者に向けてから球を投げる「**トルネード投法**」。これでフォークボールを投げてたくさんの三振を取ったことで、「**ドクターK**」とよばれていたんだね。日本人メジャーリーガーとして、シーズン最多完封（3回）、ノーヒット・ノーラン（2回）、1試合最多奪三振（17個）など、数々の記録を持っているよ。イチロー選手も、野茂さんのおかげで大リーグに行けたといっているくらい、後輩たちに大きな影響をあたえた選手なんだ。

野茂さんがアメリカに行ったときは、日本人選手がいなかったんでしょ。たったひとりで行くなんて、勇気があるよねー

お給料だって、日本にいたときよりはるかに下がったみたいだけど、それよりも自分の実力で勝負してみたかったのね。かっこいい！

★イチロー

オリックス・ブルーウェーブ→大リーグ
(1973～)

アメリカ人選手をぬいて記録をつくった選手。日々の練習と地道な努力を、休まず続けた結果だね。

日本人の**野手としてははじめてのメジャーリーガー**。はじめは、野手がアメリカで通用するのかという声もあったけれど、イチロー選手はそれを見事にはねのけたんだ。走・攻・守のすべてで結果を出すプレイヤーとして評価されているよ。メジャーリーグでの通算780打点は日本人メジャーリーガーの歴代一位。日米通算5863塁打(当時)で**王貞治**さんをぬいた日本記録と、**記録**ずくめの選手だよね。

ホント、イチロー選手はすごいなー。ぼくもあんなにヒットを打ってみたいよ!

イチロー選手はアメリカでも人気よね。結果にきびしいアメリカで認められるんだから、一流の選手ってことよね

★大谷翔平

北海道日本ハムファイターズ→大リーグ
(1994～)

投げてよし、打ってよしの選手。目標を高くもって努力するすがたには、学ぶことが多いよね。

平成生まれの大谷選手は、ピッチャーとしてもバッターとしても活躍する「**二刀流**」の選手だね。なんと高校生のときに、アマチュア野球史上初の最速160キロの球を投げたんだよ。プロの選手でも160キロを投げる選手はそうそういないよね。

2013年に**北海道日本ハムファイターズ**に入団、2017年に**ロサンゼルス・エンゼルス**と契約。二刀流の選手として、期待したいね。

大谷選手は高校生のときから、メジャーリーグに行くことを目標にしていたんだって

目標を高く持つとがんばれるし、がんばるから夢を実現できるんだね!はげまされるなー

あとがき

「齋藤孝の覚えておきたい日本人」を読んでみて、どうだったかな？

生まれたときからスゴイ人なんていない。いや、むしろ、生まれてきたこと自体はだれもがスゴくて、生きていく中で、いろんな人のためになるように努力することで、この本の人たちのように、とびきりスゴイ人になるんじゃないかな。

社会は、みんなが貢献しあって成り立っているんだ。ひとりひとりができること、得意なことを発揮しあっているんだよ。

たとえば、お米や野菜をつくる人、外国から必要なものを買いつける人、勉強を教える人、病気を治す人、人々を感動させる歌を歌い芝居をする人、ためになる本を書く人、便利な道具を発明する人、スポーツで人を元気にする人……。

もし、ハンディキャップがあったら、それと向きあって自分らしく生きることで、周りの人を勇気づけることができるよね。だから、どんな人も貢献できる

「種」を持っているんだ。

きみは、どんなことが得意かな？　どんなことで貢献したいかな？　だれにだって必ず「種」はあるよ。この本をきっかけに、考えてみてほしいんだ。

「日本を知ろう！」というこのシリーズは、すでに発売されている「日本の行事」のほかに、このあと「日本の言葉」と続いていくよ。ぜひ楽しみにしていてね！

著者 **齋藤 孝（さいとう たかし）**

1960年静岡県生まれ。東京大学法学部卒業。東京大学大学院教育学研究科博士課程を経て、現在、明治大学文学部教授。専門は教育学、コミュニケーション論。NHK Eテレ「にほんごであそぼ」総合指導。
主な著書、監修作に『声に出して読みたい日本語』（草思社）『記憶力を鍛える齋藤孝式「呼吸法」』（秀和システム）『こども 日本の歴史』（祥伝社）のほか、NHK Eテレ「にほんごであそぼ」シリーズ『雨ニモマケズ　名文をおぼえよう』『おっと合点承知之助　ことばをつかってみよう』『でんでらりゅうば　歌って日本をかんじよう』『ややこしや　伝統芸能にふれてみよう』（以上、金の星社）など多数。

＊この本に記載しているデータは2018年7月現在のものです。
＊年齢は、江戸期以前の人物は数え年、明治期以降の人物は満年齢で表記しています。

齋藤孝の覚えておきたい 日本人

初版発行／ 2018年９月

著　齋藤　孝
絵　深蔵

発行所　株式会社金の星社
〒111-0056　東京都台東区小島1-4-3
TEL　03-3861-1861（代表）　FAX　03-3861-1507
振替　00100-0-64678
ホームページ　http://www.kinnohoshi.co.jp

印刷・製本　図書印刷株式会社

80ページ　21cm　NDC281　ISBN978-4-323-05882-5

乱丁落丁本は、ご面倒ですが小社販売部宛にご送付ください。
送料小社負担でお取り替えいたします。

© Takashi Saito & Fukazo 2018,
Published by KIN-NO-HOSHI SHA, Tokyo Japan

JCOPY 出版者著作権管理機構 委託出版物
本書の無断複写は著作権法上での例外を除き禁じられています。複写される場合は、そのつど事前に出版者著作権管理機構（電話 03-3513-6969、FAX 03-3513-6979、e-mail: info@jcopy.or.jp）の許諾を得てください。
※本書を代行業者等の第三者に依頼してスキャンやデジタル化することは、たとえ個人や家庭内での利用でも著作権法違反です。

●編集協力
佐藤 恵

●デザイン・DTP・編集補助
ニシ工芸株式会社（小林友利香・渋沢瑶）